AVERTISSEMENT.

DEPUIS que cet écrit a été imprimé, diverses circonstances ayant changé quelques-unes de mes idées, je dois rectifier celle-ci.

En parlant de la promesse d'assemblér les Etats-Généraux, je n'ai raisonné que dans l'hypothèse où la Cour plénière seroit établie, où elle exerceroit pleinement ses fonctions ; et c'est dans ce cas seulement, que j'ai osé manifester des doutes sur l'accomplissement de cette promesse. J'ai dit que si la révolution se consommoit sans le concours des Etats-Généraux, j'avois peine à croire qu'ils fussent jamais assemblés : mais aujourd'hui que le Gouvernement laisse dormir ses projets, et qu'il annonce la disposition de consulter la Nation avant de leur donner aucune suite, je me fais un devoir de rendre hommage à cette bienfaisante intention, et je ne doute point que l'Assemblée nationale ne soit in-cessamment convoquée. On auroit mieux fait,

A I

sans doute, de commencer par là; mais enfin, il est temps encore d'y venir, puisque nous ne sommes qu'au premier pas; et cette résipiscence salutaire de la part de l'Administration, prouve, comme je l'ai dit, que si un excès de zèle l'a égarée un instant, ses vues n'en ont pas moins toujours été pures dans leur objet.

Je me fais également un devoir de déclarer qu'induit en erreur par les Ecrits publics, j'ai involontairement exagéré, d'après ces annonces trompeuses, le désastre de Grenoble: la vérité est qu'il y a eu, dans cette Ville, plusieurs émeutes très-violentes; mais, heureusement, beaucoup moins de sang versé que les premières nouvelles, écrites au moment du danger, en ont annoncé.

PROFESSION
DE FOI
D'UN HOMME D'ÉTAT,

SUR

LA RÉVOLUTION DE 1788.

UNE preuve qu'on aime le Prince, c'est que l'on a de la confiance en lui..... Même dans les calamités publiques, on n'accuse point sa personne ; on se plaint de ce qu'il ignore..... Si le Prince savoit, dit le peuple ; ces paroles sont une espèce d'invocation, et une preuve de la confiance qu'on a en lui.

Esprit des Loix, Liv. XII Chap. XXIII.

DIXIÈME EDITION.

LONDON,

PRINTED FOR W. STRAHAN, AND T. CADELL IN THE STRAND.

AUGUST 1788.

PROFESSION DE FOI

D'UN HOMME D'ÉTAT

SUR

LA RÉVOLUTION DE 1788.

Sous un Gouvernement modéré, qui encourage, par une sage indulgence, la liberté de penser, qui compte pour quelque chose les opinions, même individuelles, je crois que tout homme peut, sans danger, manifester la sienne. Je vais donc dire ce que je pense de la nouvelle révolution, c'est-à-dire, de l'établissement des Grands-Bailliages et de la Cour plénière : je trouve dans cette double opération, des inconvéniens très-sérieux : j'oserai les développer.

Ma franchise peut-elle blesser le gouvernement ? Non. Si je ne le flatte pas, je ne l'offenserai pas non plus : ma plume n'est

A 3

pas moins éloignée de l'audace que de la bassesse. Loin de moi toute coupable pensée ; il ne peut y avoir de crime sans intention , et je proteste, au besoin , contre toute opinion qui, calomniant mon cœur, me supposeroit des intentions criminelles.

Les Dépositaires de l'autorité du Roi veulent, je tâche du moins de me le persuader, répondre à ses vœux : c'est le bien de l'État, c'est le bonheur des Peuples qu'ils ont eu pour objet, en substituant un ordre *nouveau* à l'ordre *ancien ;* mais ils sont hommes , et , comme hommes , sujets à l'erreur ; exposés à ces préventions involontaires qui égarent quelquefois le zèle le plus pur : ils peuvent donc s'être trompés ici : les en avertir , ce n'est pas les attaquer, c'est les servir : je les respecte trop pour leur faire l'injure de redouter de leur part des ressentimens , lorsque je crois en mériter des égards : il est de leur dignité , de leur noblesse, de protéger les Ecrivains qu'une vertueuse hardiesse porte à découvrir la vérité , comme de flétrir de leur indignation ou de leur mépris, ceux dont les plumes serviles nourrissent, par de lâches adulations , l'illusion dangereuse qui la leur dérobe : cette bassesse est une insulte ; *ma fierté est un hommage.*

Voilà ma *profession de foi* ; et, j'ose le croire, *elle est honorable pour le Gouvernement*. Je l'ai moi-même, avec sécurité, déposée aux pieds des Chefs de l'Administration ; et si je ne publie pas mon nom, si je garde l'*incognito*, ce n'est donc point par cette circonspection timide ou honteuse qu'inspire la crainte d'être l'objet d'une vengeance inique ; l'avouerai-je ? c'est par amour-propre : les choses que je vais dire, je les crois vraies ; mais on pourroit les dire beaucoup mieux que je ne les dirai, et c'est ce reproche que je veux éviter d'essuyer en face.

En réfléchissant sur la révolution, sur les circonstances qui l'ont précédée, sur les accessoires qu'elle entraîne, plusieurs questions se présentent naturellement à l'esprit. *Quelle en est la véritable cause ? Est-ce l'intérêt des Peuples qui l'a sollicitée ? Le Gouvernement devoit-il l'opérer seul ?* Je ne ferai qu'une observation pour résoudre la première question. Si les Parlemens avoient enregistré docilement la *subvention territoriale* et *le timbre*, si le Gouvernement n'avoit pas été obligé de céder à leur résistance patriotique, et d'abandonner ces impôts effrayans, auroit-on pensé à les mutiler, à investir de leurs fonctions civiles, des Tribunaux qui ne sont ni subalternes, ni souverains; et à confier à une Cour unique leurs fonctions politiques, l'enrégistrement exclusif des Loix?

Il ne faut pas se le dissimuler : on a pris pour des inspirations bienfaisantes du zèle, les suggestions perfides du ressentiment; et c'est, dans cette illusion, que le projet a été conçu, arrêté, exécuté. On a cru, sans doute, faire le bien de la Nation; mais on a voulu aussi perdre *les Parlemens*.

Cependant leur institution a un double objet : ils ont été créés pour rendre aux Peuples la justice distributive au nom du Souverain qui la leur doit, et pour éclairer le Souverain lui-même sur les droits des Peuples : la première mission, *c'est du Roi qu'ils la tiennent*; mais la seconde, *c'est de la Nation* : sous ce dernier point de vue, ils lui servent de contre-poids pour balancer l'autorité souveraine, lorsqu'elle tend à se jetter dans l'arbitraire ; ainsi , loin que l'intérêt de la Nation puisse jamais exiger qu'on les prive de cette influence protectrice , il est clair, ce me semble, que la leur enlever, c'est le compromettre essentiellement.

Me permettra-t-on d'appuyer cette réflexion sur le fait ? Si les Parlemens ne se fussent exposés aux disgraces, s'ils n'eussent méprisé les périls qui les environnoient, bravé les coups d'autorité, et les malheurs personnels dont leur courageuse générosité pouvoit les rendre victimes; si l'idée de leurs devoirs ne l'eût emporté sur toutes les considérations, ne gémirions-nous pas déjà sous le poids des impôts ruineux qu'ils viennent de conjurer?

Enfin, une vérité sur laquelle on ne peut élever de doute, c'est que la révolution change l'ordre sous l'empire duquel la Nation est accoutumée de vivre ; il falloit donc, avant tout, la consulter : c'étoit principalement à elle, comme partie la plus intéressée, à juger de la convenance, de l'utilité ou de la nécessité du changement; à décider si la nouvelle constitution que le Gouvernement lui proposoit, étoit plus propre que l'ancienne à assurer sa prospérité et son bonheur. L'autorité, au lieu d'agir seule, devoit être purement passive : elle devoit, au moins, paroître disposée à ratifier le vœu national ; à abandonner son plan, si ce vœu le rejettoit, comme à l'exécuter, s'il l'adoptoit.

Les Chefs actuels du Gouvernement se seroient *immortalisés* par cette magnanime résolution : la confiance, la reconnoissance universelles en auroient été le prix. Je suis même porté à croire qu'elle eût assuré le triomphe de leur projet : leurs intentions auroient paru si pures, leurs vues si droites, qu'un acquiescement général eût peut être précédé l'examen, et une conviction anticipée prévenu la discussion.

Je l'avoue, je ne puis concevoir l'éloignement, la répugnance qu'ils ont témoigné pour les Etats-Généraux dans cette circonstance intéressante : je ne veux point en pénétrer les motifs ; mais si le refus a été dicté par la crainte de compromettre l'autorité souveraine, c'est une étrange méprise : un Roi de France, qui aime son Peuple, peut-il se défier de sa fidélité, de sa soumission ? Peut-il, sur-tout dans les conjonctures difficiles, redouter de s'environner de son zèle ? Courra-t-il jamais aucun danger en quittant un moment le Trône pour descendre auprès de lui ? Un bon père est-il, nulle part, plus en sûreté qu'au milieu de ses enfans ? Ah ! cette place est la plus digne d'un Roi vertueux : elle convenoit à *Louis XVI*.

Les Parlemens n'ont rien épargné pour lui en faire sentir le prix : ils ont sollicité la convocation des Etats-Généraux avec toute l'énergie que peut inspirer le plus ardent amour du bien public ; ils ont sacrifié leurs propres intérêts à ceux du Souverain et des Sujets ; leur conduite est, en tout sens, un exemple du zèle le plus pur, du dévouement le plus généreux dont les annales de l'histoire puissent conserver le souvenir : elle leur assure, à jamais, la confiance, l'estime, la vénération universelles. *Qu'il me soit donc permis, en la rappellant, de leur offrir le tribut d'admiration, de respect, d'attachement, de reconnoissance que tout Citoyen leur doit ! Puissent ces aspirations brûlantes d'une sensibilité éclairée, parvenir jusqu'à leur retraite, & répandre quelque charme sur la disgrace glorieuse qui les y retient ! Puisse cet hommage libre, désintéressé, d'un homme aujourd'hui ignoré, mais patriote, ajouter quelque prix à la con-*

ronne *immortelle que la voix de la Nation leur décerne !*

Je crois avoir indiqué la vraie cause de la révolution : je crois que l'on a pu voir si le bien public l'exigeoit; si c'étoit à l'autorité seule à juger de la nécessité de l'opérer et à en déterminer la forme : je vais actuellement l'examiner en elle-même. Elle présente deux opérations principales, *l'établissement des Grands-Bailliages et celui de la Cour plénière.*

Voyons quels sont les principaux inconvéniens qui résultent de la première.

D'abord, on ne peut disconvenir que le siége des Parlemens dans les grandes villes ne contribue beaucoup à leur importance, à leur richesse, à l'étendue et à la fécondité de leur commerce.

Je prends Paris pour exemple. Le Parlement y fixe habituellement plus de vingt mille individus. Tous sont obligés de se nourrir, de se vêtir, de se loger; tous consomment des denrées de toute espèce, qui ne franchissent pas les barrières sans verser dans les coffres du Roi un tribut dont l'abondance se renouvelle chaque jour, comme les besoins qui en appellent la source; tous usent des étoffes et d'autres objets sur lesquels le trésor public exerce également sa force attractive, et dont l'emploi continuel vivifie le commerce et entretient l'activité de nos manufactures en les dégorgeant ; tous font travailler l'artisan, et le mettent en état de dépenser davantage à son tour ; tous, enfin, contribuent à augmenter l'aisance du propriétaire qui, par une suite naturelle, sacrifie davantage aussi à ses goûts, à ses caprices, à son luxe.

Or, la réforme opérée dans l'ordre des Tribunaux, exilera de Paris cette classe importante de consommateurs : il résultera de ce vuide une diminution considérable dans le produit des entrées et des droits fiscaux, une perte incalculable pour tout le commerce, un affoiblissement général, une langueur qui morfondra, sur-tout les classes inférieures.

Cette léthargie attaquera proportionnellement toutes les autres *villes de Parlement;* mais il ne faut pas croire qu'il se fera, dans les Provinces, une heureuse extravasion des richesses qui ne pourront plus se concentrer dans la Capitale et dans les grandes Cités : les petites villes manquent des canaux nécessaires pour faire cir-

culer au milieu d'elles cette source de prospérité : leur situation physique, leur état
politique les condamnent à une paisible
médiocrité : il faut qu'elles sachent se suf-
fire à elles-mêmes : resserrées dans des en-
ceintes étroites, privées de manufactures,
de commerce, de luxe, n'offrant à l'homme
aisé aucune occasion d'échanger son or contre des plaisirs et des jouissances, contre
des objets de caprice ou d'utilité, il leur
sera toujours impossible d'aspirer une assez
grande quantité de cet agent précieux, pour
que leur sort puisse s'améliorer d'une manière sensible.

L'établissement des Grands-Bailliages
ruinera donc les *grandes villes*, sans enrichir
les petites; et cet effet inévitable acquerra
bientôt l'influence la plus fâcheuse sur le
crédit public, et, par conséquent, sur la
prospérité nationale.

Je considère maintenant cet établissement sous d'autres rapports, relativement
à l'ordre public et à l'intérêt particulier des
justiciables; et c'est ici que les inconvéniens se multiplient.

L'Ordonnance du 8 Mai dernier attri-
bue aux *Grands-Bailliages* le droit de prononcer en dernier ressort, jusqu'à la con-

currence de vingt mille livres en matière civile, et sans restriction en matière criminelle.

Il faut l'avouer : il n'y a pas d'homme qui, ayant quelque chose à perdre, ne doive être effrayé de l'étendue de cette compétence.

Ces Tribunaux n'ont ni les lumières, ni l'expérience des Parlemens ; leurs Partisans, forcés d'en convenir, nous disent, pour calmer des alarmes trop légitimes, qu'ils les acquerront avec le temps. . . . Mais en attendant, ils disposeront aveuglément de notre fortune, de notre honneur, de notre vie ! Le glaive de la Justice, flottant dans ces mains incertaines, frappera au hasard l'innocent ou le coupable ! Je le demande : un établissement qui, dans son origine, nous expose à d'aussi cruelles méprises, peut-il jamais produire aucun avantage capable de les compenser ?

Et quand celui-ci se perfectionnera-t-il ? Les Juges subalternes, élevés subitement à ces nouvelles places, ont, presque tous, vécu jusqu'à présent dans l'oisiveté, dans la dissipation, et se sont à peine occupés de leur état. Vont-ils changer de conduite ? Peuvent-ils en changer ? Ignore-t-on l'empire de l'habitude sur le cœur humain ? Celle de leur premier genre de vie n'est-elle pas invincible ? Ne l'emportera-t-elle pas désormais sur les bonnes intentions dont ils voudront s'armer ? Ne seront-ils pas, malgré eux, légers, distraits, négligens?.... Cependant les voilà Juges suprêmes de notre fortune jusqu'à vingt mille livres !

Mais la fortune entière des trois quarts des justiciables, sur-tout dans les Provinces, ne monte pas à vingt mille livres; une erreur, une négligence, une distraction de leurs nouveaux Juges peut donc opérer leur ruine, et les précipiter, sans retour, d'une honnête médiocrité dans la plus affreuse détresse.

Combien cette réflexion n'est-elle pas plus douloureuse, lorsqu'elle s'applique aux fonctions criminelles, au droit de vie et de mort, dont les Grands-Bailliages sont investis ?

Si je perds ma fortune, l'honneur et la vie me restent.

Si la mauvaise-foi me suscite une contestation dont l'objet excède vingt mille livres, et que ses prétentions soient consacrées par les premiers Juges, ce n'est point

alors

alors au Grand-Bailliage que je suis obligé d'appeller de leur décision : je la défère au Parlement, dont l'équité éclairée, autant qu'incorruptible, la rectifiera.

Mais s'il s'agit de mon honneur, de l'honneur de toute ma famille, de ma vie ; si je suis accusé, décreté, injustement condamné, je ne puis recourir à ses lumières ; je ne puis poursuivre la Justice dans son dernier asyle ; je ne puis défendre ce que j'ai de plus cher au monde hors de l'enceinte d'un Tribunal dont je franchirois librement la jurisdiction, s'il ne s'agissoit que d'un intérêt pécuniaire, d'un Tribunal évidemment suspect, puisque sa compétence est bornée en matière civile. Mon innocence a été méconnue, flétrie par une portion de ses Membres : eh bien, c'est l'autre portion, ce sont les mêmes Membres peut-être, car ils exercent tour-à-tour les fonctions subalternes et les fonctions souveraines, qui vont encore prononcer sur mon sort. Ainsi, l'on me laisse moins de ressources pour sauver mon honneur, que pour défendre ma fortune ! Ainsi, la vie d'un homme est moins précieuse qu'un objet d'intérêt....

« Mon sang bouillonne, et mon cœur

B

» se soulève à cette affreuse idée ; cette
» barrière immobile que l'on pose entre
» la justification d'un accusé et la justice,
» ne semble-t-elle pas établie pour inter-
» cepter la première, et l'empêcher d'arri-
» ver à l'autre ? »

Gardons-nous, cependant, de prêter
cette intention au Gouvernement : la réforme de l'ordre des Tribunaux est le fruit
du zèle abusé : ce n'est pas là qu'il faut
chercher ses véritables principes : ames sen-
sibles ! lisez, lisez la nouvelle Déclaration
sur l'Ordonnance criminelle : lisez le Dis-
cours dans lequel le Chef de la Magistrature en expose si dignement l'objet et les
motifs : c'est ici que l'innocence est proté-
gée, que ses droits sont défendus, que res-
pire l'amour de l'humanité. Quels vœux ne
devons-nous pas faire pour obtenir bientôt
le complément de ce premier bienfait, par
la réformation entière de notre Code crimi-
nel ! Législateurs de tous les pays.... C'est
dans cette source que vous viendrez puiser
la morale que vous devez professer.

J'entends quelques voix s'élever contre
la disposition qui suspend l'exécution du
jugement de mort pendant un mois, à
compter du jour où il sera prononcé au

malheureux dont il proscrira la vie : c'est
cette disposition que je trouve, au con‑
traire, la plus précieuse (1) : je crois inu‑
tile de développer les motifs de mon opi‑
nion : il est aisé de les sentir, d'après ce
que j'ai dit des dangers qui menacent l'in‑
nocence abandonnée aux erreurs meur‑
trières des Grands-Bailliages. Je me per‑
mettrai seulement d'observer que la loi

(1) J'avoue que l'on peut y faire une objection : le
délai d'un mois offrira souvent aux Grands, aux hommes
en crédit, aux gens riches, lorsqu'ils seront coupables,
une ressource pour échapper aux châtimens qu'ils auront
mérités : le Chef de la Magistrature, le Dispensateur des
graces du Souverain, s'armera envain d'une équitable
sévérité; la naissance, la faveur, la fortune sauront l'élu‑
der, ou la transformer en indulgence : il cédera malgré
lui. Cela pourra être, j'en conviens; et c'est un grand
malheur. Mais jusqu'à présent, n'ont-elles pas triomphé
de même de la Justice ? ses rigueurs n'ont-elles pas été
exclusivement réservées aux hommes obscurs, aux classes
inférieures, aux malheureux ? Nous avons vu bien des
coupables, bien des criminels parmi les Grands, parmi les
hommes en crédit, parmi les riches; combien en avons-nous
vu de condamnés par les Tribunaux, et sur-tout de punis ?
Une loi dont l'objet est de sauver du supplice et de l'in‑
famie, dans toutes les classes de la société, l'innocent
injustement condamné, n'en est donc pas moins humaine,
pas moins respectable.

B 2

elle-même semble, par cette disposition, les prévoir, et qu'elle justifie, par conséquent, le tableau que j'en ai tracé.

Une autre source d'inconvéniens résulte de la composition même des Grands-Bailliages : ils sont divisés en deux Chambres ; l'une juge en dernière instance ; l'autre à la charge de l'appel. La première remplit les fonctions présidiales, et prononce, en même temps, souverainement, par appel de la seconde et des Présidiaux de son ressort, sur toutes les affaires criminelles, et sur les contestations civiles dont l'intérêt est de plus de quatre mille livres, et n'excède pas vingt mille livres : c'est la même Compagnie qui fait le service de ces deux Chambres : ce sont les mêmes Officiers qui deviennent alternativement Juges d'appel et Juges Souverains. Ils sont partagés en trois colonnes : deux composent la première Chambre, pendant que l'autre sert à la seconde ; et chaque année à la Saint-Martin, celle-ci montant à la première, est remplacée par l'une des deux qui viennent d'y siéger.

Il n'étoit guères possible de donner à ces Tribunaux une organisation plus vicieuse.

D'abord, des Officiers qui, tour-à-tour,

deviendront Juges Souverains les uns des autres, seront naturellement portés à des égards respectifs : les jugemens rendus par la seconde Chambre, ne trouveront, à coup sûr, dans la première, que des Censeurs disposés à les confirmer, et qui solliciteront, par leur complaisance, celle dont ils auront bientôt besoin pour eux-mêmes : ils s'abandonneront, avec d'autant moins de scrupules, à cette indulgence réciproque, que la confraternité, l'égalité, l'amitié, toutes les liaisons, tous les rapports qui unissent les hommes rassemblés en petit nombre, sembleront la légitimer, l'ennoblir, la mettre, en quelque sorte, au rang de leurs devoirs, et concourront, avec l'amour-propre, à leur faire illusion sur les désordres, sur les injustices qu'elle entraînera.

Ainsi, le bon droit qui échouera, l'innocence qui sera méconnue dans la seconde Chambre, trouveront, en recourant à la première, leur sort fixé d'avance, irrévocablement, par la prévention.

En second lieu, les Officiers qui servent, cette année, à la seconde Chambre, seront, l'année prochaine et l'année suivante, de service à la première ; ils siégeront, par conséquent, à celle-ci, précisément en même temps que les appels de leurs jugemens y seront soumis : ils deviendront donc juges de leurs propres jugemens ; et comment se défendront-ils dans ce cas de la prévention dont je viens de parler ? ne les assiégera-t-elle pas malgré eux ? Quand ils auroient le courage de la combattre, ne sera-t-elle pas invincible ? Formant la moitié des Membres de la Chambre, maîtrisant, par leur présence, les opinions de l'autre colonne qui la complétera, ne réussiront-ils pas toûjours à faire confirmer leur premier avis ? Je le demande donc : quelle espérance osera concevoir, avec la cause la plus juste, la partie qui l'attaquera ? Elle aura été, en première instance, victime de l'erreur; mais l'erreur sera défendue ici par l'amour-propre offensé, et par des ménagemens intéressés.

Cette organisation blesse ouvertement le premier principe de l'ordre judiciaire, qui défend qu'un Juge connoisse, dans aucun cas, de l'appel de ses jugemens ; et vous voyez quels funestes abus entraînera un aussi inconcevable oubli des règles : l'appellant trouvera, dans ses Juges, de véritables adversaires : l'accusé qu'ils auront condamné en première instance, leur paroîtra nécessairement convaincu, quoique la loi le répute encore innocent (1). S'il n'est pas coupable, il fera d'inutiles efforts pour manifester son innocence : elle sera flétrie en définitif, parce qu'elle aura été méconnue d'abord ; et cette première injustice deviendra le motif, ou du moins l'occasion d'une seconde qui sera désormais irréparable.

Enfin, les préventions particulières, personnelles, auxquelles chaque Officier des Grands-Bailliages se livrera, sont encore essentiellement contraires à l'intérêt des Justiciables et à l'ordre public.

Puisqu'il faut que nous soyons jugés par des hommes, il seroit à desirer que nos Juges fussent étrangers à tous les autres hommes ; les Membres des Parlemens sont les plus voisins de cet état : élevés au-dessus

---

(1) « Le premier de tous les principes en matière criminelle, c'est qu'un accusé, fût-il condamné à mort, en première instance, est toujours réputé innocent aux yeux de la loi, jusqu'à ce que sa sentence soit confirmée en dernier ressort. »

Préambule de la Déclaration du Roi, relative à l'Ordonnance criminelle.

B 4

de la foule des Justiciables qui sollicitent leurs Arrêts, ils n'ont guères avec eux de relations qui puissent les porter à favoriser les uns au préjudice des autres : ils examinent, ils apprécient avec un égal intérêt, ou, si l'on veut, avec une indifférence égale, les droits respectifs, et ne pèsent que les raisons, parce qu'aucuns motifs de préférence ne peuvent corrompre leur équité.

Mais, dans les Grands-Bailliages, on verra précisément le contraire ; la raison de cette différence sera dans celle de la position respective des Juges et des Justiciables : les uns se trouvant plus rapprochés des autres, il y aura nécessairement, entre ceux-ci et les premiers, plus d'égalité, des rapports plus directs, plus fréquens ; et cette communication habituelle exclura ici l'impartialité, comme là l'éloignement contribue à l'entretenir.

Il n'y a personne qui n'ait fait cette observation : les diverses sociétés que forment, dans les petites villes, les Citóyens qui en peuplent l'enceinte, *s'observent, s'épient, se jalousent, se calomnient continuellement* : cet état de guerre est une occupation chère à leur oisiveté : de-là, *ces* rivalités sourdes, ces mécontentemens obscurs qui y nourrissent tant de préventions, tant d'animosités particulières. Or, chaque Officier des Grands-Bailliages, outre les siennes propres, partagera encore celles de sa famille, celles de ses amis, celles de ses coteries : il les communiquera à ses collègues, comme il s'affectera lui-même des leurs ; ainsi, elles dicteront presque toujours leurs jugemens : le Ministère sacré dont ils sont revêtus, de viendra l'instrument de leurs vengeances personnelles ; ils jugeront les hommes, et non les raisons ; et, le plus souvent, ce seront leurs *femmes* qui feront les décisions. L'homme le plus pur, le plus irréprochable, qui aura le malheur de déplaire à l'un de ces *Jupiter*, verra, à l'instant, tout l'olympe conjuré contre lui ; et, tôt ou tard, il sera frappé de la foudre. Si cette funeste disposition excite la mauvaise-foi à l'attaquer, la haine à calomnier sa conduite, les prétentions de l'une seront hautement protégées, les soupçons que fera naître l'autre, évidemment saisis : voilà un Citoyen honnête dépouillé de sa fortune, poursuivi dans son honneur ; le voilà perdu. . . .

S'ils ont osé quelquefois, lors même que

leurs jugemens étoient soumis à la censure des Cours Souveraines, manifester cette déplorable et honteuse partialité, avec quelle facilité ne s'y abandonneront-ils pas désormais qu'elle ne sera plus réprimée par ce frein salutaire, et qu'ils trouveront, dans l'Ordonnance même, une ressource pour rendre impuissantes les réclamations qu'exciteront leurs injustices, pour se soustraire, dans le cas où ils seront accusés de prévarications, à la sévérité des Parlemens, et s'en assurer eux-mêmes l'impunité?

Voilà, ce me semble, des inconvéniens très-sérieux : ce qui leur donne sur-tout un caractère vraiment effrayant, c'est qu'ils tiennent à la nature même de l'établissement ; qu'ils en sont inséparables ; qu'ils subsisteront tant qu'il durera lui-même, et que le temps, en le consolidant, ne fera, au lieu de les réformer, que les rendre plus graves, comme plus dangereux.

Et cet établissement, on nous le présente comme un bienfait ! La justice, dit-on, sera moins chère ; les degrés et les appels seront moins multipliés ; les Juges plus près des Justiciables.

La justice sera moins chère ! Mais on vient de voir comment elle sera rendue. . . . . .

Si j'ai un procès important, qu'est-ce qui m'intéresse le plus ? Est-ce de me faire juger pour quelques écus de moins ? Non : c'est d'obtenir réellement justice ; c'est d'avoir des Juges éclairés, impartiaux, capables de bien apprécier mes moyens.

C'est sur-tout, en matière criminelle, que cette considération est décisive ; la cherté de la justice n'est point à la charge de l'accusé ; il ne supporte pas les frais du procès : le plus ou le moins lui est donc indifférent ; mais il lui importe d'avoir des Juges qui sachent saisir sa justification, et aux yeux desquels une prévention meurtrière n'épaississe point le voile calomniateur qui obscurcit son innocence.

D'ailleurs, sans intervertir l'ordre des Tribunaux ; sans enlever aux Parlemens l'administration suprême de la Justice pour enrichir, au hazard, de ces dépouilles respectables, des agens subalternes indignes d'un si noble héritage ; (1) sans exposer

_____

(1) A Dieu ne plaise que je veuille inculper ici, sans exception, tous les Officiers des Baïlliages. Je m'empresse de le déclarer : j'en connois quelques-uns qui sont de véritables Magistrats, qui joignent l'expérience & les lumières

des citoyens honnêtes à devenir, chaque jour, victimes des désordres qu'entraînera ce bouleversement, ne seroit-il pas facile, si on le desiroit sincèrement, de restreindre, par des Réglemens sages, *l'énormité des frais judiciaires ?* Ne pourroit-on pas fixer le prix de la justice, puisqu'il faut absolument de l'argent pour l'obtenir, à un taux invariable, et à portée de la classe commune des Justiciables qui a le plus souvent besoin d'y recourir ?

J'ajouterai encore une observation : les frais judiciaires sont énormes ! Mais, où va se perdre, se dissiper, se fondre la plus grande partie de l'argent qui sort de la bourse des pauvres plaideurs ?..... *Hélas ! dans le gouffre fiscal, dans ce tonneau des Danaïdes qui reçoit toujours et ne regorge jamais.....* Je voudrois bien que l'on me

---

à l'intégrité ; qui réunissent toutes les qualités qu'exige leur ministère ; qui méritent la confiance publique, & qui en jouissent ; qui sont aimés de leurs collègues, respectés de leurs Concitoyens : mais, par un effet de la fatalité aveugle qui dispense presque toujours les prérogatives & les titres à ceux qui justifient le moins cette préférence, ce ne sont pas les Bailliages que ces Magistrats éclairent et honorent, qui sont érigés en Grands-Bailliages.

dît si une demande est mieux fondée, lorsque la feuille qui en contient le libelle est
ornée de cette vignette insipide et désagréa-
ble que l'on appelle le *timbre*? S'il y a plus
de raison dans une requête, lorsqu'elle est
munie de cet appareil ? Si un arrêt, fixé
sans faste sur quelques feuilles de papier,
seroit moins juste que quand il est noyé
dans des caractères monstrueux, sur un
volume immense de parchemin ?..... *Le
timbre*, *le contrôle*, *les grosses*, *les rôles*,
le scel, *le parchemin*, toute cette escorte
aussi burlesque que barbare qui accompagne ou défigure les actes judiciaires, a-t-
elle un rapport essentiel avec la Justice?
Est-ce au Plaideur qu'elle est utile? Il me
semble qu'elle n'ajoute rien à ses droits :
c'est cependant lui qui la paye. Eh bien !
voilà un abus sur lequel il faut porter la
réforme ! Retranchez d'abord cette tige
vorace du génie fiscal, et nous obtiendrons
déjà la justice à fort bon marché.

Les *degrés et les appels seront moins multipliés !*.....

En matière criminelle, il n'y en aura ni
plus ni moins que ci-devant ; alors, les
appels se portoient des Bailliages et Séné-
chaussées, ou, *omisso medio*, des Justices

inférieures, aux Parlemens ; aujourd'hui ,
les premiers jugemens seront rendus par les
secondes Chambres des Grands-Baillages
ou par les Présidiaux du ressort, et les
jugemens définitifs par les premières Chambres ; mais on a vu en quel état se présen-
teront, sur l'appel, les accusés qui auront
été condamnés par les secondes Chambres !....

En matière civile, les Parties seront li-
bres, je l'avoue, de franchir un degré; mais
voyez comment. L'Ordonnance permet au
Demandeur d'assigner directement devant
le Présidial, ou au Défendeur de déclarer,
dans ses défenses, qu'il porte la contestation au Présidial ; et suivant l'article XXV,
ce vœu, manifesté de part ou d'autre,
opérant la prévention des Présidiaux et
Grands-Baillages sur les Juges des Seigneurs, ces Tribunaux de première instance seront toujours éludés ; mais est-ce une
disposition sage, que celle qui tend indi-
rectement à violer, à l'égard de toute la
Noblesse du Royaume, le droit sacré de la
propriété? Les Justices que les Seigneurs
exercent sont de véritables propriétés : elles
émanent, j'en conviens, de la source de
toute Justice, du Roi lui-même ; mais le
Roi leur ayant transmis, à titre onéreux,

le droit de la rendre en son nom, peut-il légitimement, les en dépouiller?..... Ce droit est-il moins respectable que toute autre propriété?..... Appliquez sur-tout à l'article XVII, ces réflexions.

Enfin, les Juges seront plus près des Justiciables !

Je trouve de grands inconvéniens dans cette proximité, et j'ai tâché de les exposer; mais j'y cherche en vain quelques avantages réels.

D'abord, tous les points du ressort d'un Parlement ne sont pas éloignés de la Ville principale qui en est le Siége : ce n'est donc, tout au plus, que pour un certain nombre de Justiciables que la distance peut être sensible.

En second lieu, ils ne seront pas moins obligés de quitter leurs familles, leurs affaires; en un mot, de se déplacer, pour se rendre dans la ville où sera établi le Grand-Bailliage, auquel le lieu de leur domicile ressortira : quelques lieues de plus ou de moins sont-elles d'une grande considération ? Cette différence n'est-elle pas nulle pour ceux qui plaideront au Châtelet de Paris, comme aux autres Grands-Bailliages placés près des Parlemens?

En troisième lieu, moins ils seront éloignés des Grands-Bailliages, plus ils y feront de voyages; et alors, cette proximité ne sera pour eux que l'occasion d'un surcroît de dépenses et de faux-frais.

Au contraire, un procès dévolu, par l'appel, au Parlement de Paris, par exemple, ne conduit pas toujours les Parties dans la Capitale : elles ont leurs Procureurs qui correspondent avec elles; qui sollicitent leur jugement, qui les représentent. Si le Plaideur y accourt du Lyonnois, ce n'est pas, ordinairement, un seul intérêt qui l'amène; il vient y former, y renouveller, y entretenir des relations de commerce qui concourent à la prospérité de cette branche précieuse de richesse publique, comme à l'arrondissement de sa fortune particulière.

Je finis sur cet article par une observation, que tout le monde a déjà dû faire : non-seulement on a établi des Grands-Bailliages dans les Villes de Parlemens ; mais, dans le ressort des Parlemens de Pau, de Metz, de Douai, et des Conseils Supérieurs de Perpignan, et de Colmar, il n'y en a qu'un seul ; et c'est à Pau, à Metz, à Douai, à Perpignan et à Colmar que siége ce ce Grand-Bailliage : il est bien clair que dans ces ressorts, les Justiciables ne sont pas plus voisins de leurs nouveaux Juges, qu'ils l'étoient des Parlemens : ce n'est donc pas le desir de rapprocher les uns des autres, qui a été le motif de la réforme : le vérita- ble objet en est si évidemment manifesté, que l'on ne peut s'y méprendre : elle ne présente aucun avantage pour les Justicia- bles, et n'a de réels que des inconvéniens très-fâcheux.

Heureusement, elle n'est pas encore consommée : il n'y a qu'un très-petit nom- bre des Siéges élevés au rang de Grands- Bailliages, qui aient sacrifié leur devoir à leur amour propre, *et préféré à l'estime publique le soin de leur vanité & de leur inté-* *rêt personnel ;* tous les autres, frappés des inconvéniens dont je viens de parler, re- fusent de concourir à les réaliser, et ont eu, jusqu'à présent, le courage de dédai- gner une élévation qui seroit contraire au bon ordre, comme au bien général : il faut tout espérer de leur résistance ; mais quel qu'en soit le succès, elle les honorera tou- jours aux yeux de bons Citoyens, comme la lâche complaisance des premiers, leur

C

imprime une sorte de flétrissure que le temps aura peine à effacer.

L'examen de la réforme des Tribunaux me conduit naturellement à jetter un coup d'œil sur l'opération secondaire à laquelle elle a donné lieu, c'est-à-dire, sur la réduction des offices dans les Parlemens. Que l'on daigne me permettre, en passant, quelques observations sur cet objet.

Je ne m'arrête point à remarquer que l'office qu'un Citoyen acquiert pour servir le Roi et la Patrie dans la Magistrature, est une propriété plus sacrée, en quelque sorte, que toutes les autres propriétés ; que l'indissolubilité du contrat qui l'en investit, est garantie par la caution la plus propre à motiver sa confiance, par la parole, par la foi du Souverain ; que chaque effort qu'il a fait pour se rendre digne de cet honorable et laborieux Ministère, rend aussi sa possession plus respectable ; et que supprimer son office, c'est commettre envers lui une lésion énorme, quoique la restitution de son argent accompagne cette suppression : je me borne à examiner la réduction d'après l'Ordonnance de Louis XI, du mois d'Octobre 1467, sur l'INAMOVI-BILITÉ DES OFFICES.

Suivant cette Loi célèbre, les Magistrats ne peuvent être supprimés ni destitués, s'ils n'ont encouru la *forfaiture*, et si elle n'a été *préalablement jugée*.

Or, ceux qui viennent de l'être, avoient-ils encouru la *forfaiture* ? A-t-elle été jugée ?

Mais, dit-on, les offices dont ils étoient revêtus, devenant inutiles par le nouvel ordre introduit dans la Hiérarchie judiciaire, il a bien fallu les supprimer. Ce que la loi défend, c'est la destitution personnelle d'un Juge, pour lui en substituer un autre; c'est la suppression d'un Tribunal, pour le remplacer par un autre : voilà ce qu'il n'est pas permis d'opérer, si ce Juge ou ce Tribunal n'a encouru la *forfaiture*, et si elle n'est jugée. Mais cette substitution qui transfère la confiance publique d'un Officier à un autre, qui deshonore le Magistrat dépouillé, en remettant ses fonctions à des mains plus dignes de les remplir, n'a point lieu ici, où l'on supprime sans remplacer.

Je suppose que la loi tolère cette distinction : la réduction y est-elle moins contraire ? Eh ! quoi ! les Magistrats qui viennent d'être supprimés, ne sont-ils pas

C 2

remplacés, de fait, par les Officiers des Grands-Bailliages? L'objet de leurs fonctions n'existe-t-il pas toujours? Ne sont-elles pas transmises à ceux-ci? La chose est absolument la même; la dénomination seule est différente. Voilà des Magistrats destitués; voilà d'autres Juges qui leur sont substitués dans les mêmes fonctions: les offices qui leur en conféroient l'exercice n'étoient donc pas inutiles.

On supprime un grand nombre d'offices dans les Parlemens parce qu'ils sont inutiles!

Il me semble au contraire, à moi, qu'on tâche de les rendre inutiles afin d'avoir un prétexte pour les supprimer.

Mais que deviendra l'*inamovibilité*, si l'on peut, par des combinaisons particulières et arbitraires, rendre les Magistrats inutiles; et qu'en les rendant inutiles, il soit permis de les supprimer? Je prie que l'on suive avec moi les conséquences qui résultent de ce principe: manquera-t-on jamais de moyens pour éluder la sage prévoyance de la loi? Aujourd'hui, l'on établit des Tribunaux mi-subalternes, mi-souverains; on investit ces *embrions* des fonctions des Parlemens, et l'on s'écrie: *Les Magistrats sont*

inamovibles ! mais voilà des offices désormais inutiles : on les supprime. Demain !......
demain, on tiendra encore le même langage..... Il ne faut pas de grands efforts pour abattre le corps le plus robuste, lorsqu'il est privé d'une partie de ses membres : si l'on peut une fois mutiler les Parlemens ; il sera facile ensuite d'achever de les anéantir ; si l'on peut, légitimement, supprimer une partie des offices, on supprimera, quand on voudra, ceux que l'on conserve actuellement.....

Ainsi on violera réellement la loi en paroissant lui rendre hommage : elle ne sera plus qu'une illusion, qu'une chimère, et les Magistrats qu'elle déclare *inamovibles*, qu'elle veut garantir de la foiblesse qui accompagne la crainte, ou soustraire à la corruption, dont le desir bien naturel de se conserver pourroit les rendre susceptibles, seront d'autant plus exposés à l'*amovibilité*, à cette espèce de mort civile qui ne doit frapper que les Magistrats prévaricateurs, que leur zèle sera plus courageux, leur fermeté plus constante, leur intégrité plus incorruptible !..... Ils risqueront d'autant plus de perdre leur sainte autorité, qu'ils en feront un plus digne usage !..... *Je m'ar-*

C 3

rête..... Le lecteur achevera de tirer les conséquences.

On me fera peut-être une objection : les hommes, dira-t-on, seront toujours divisés par des procès; le père des crimes, l'intérêt, conservera éternellement sa funeste fécondité : cependant, l'on ne pourra jamais changer l'ordre des Tribunaux ; car il ne sera pas possible d'y adapter une administration nouvelle, sans opérer une espèce de transposition qui nécessairement rendra inutiles quelques-uns des offices que l'ordre actuel exige.

Ma réponse est bien simple. Je ne doute point que l'on ne puisse réformer l'ordre des Tribunaux dès que l'intérêt public en sollicitera un nouveau; *mais cet ordre antique*, tenant essentiellement à la constitution nationale, ne peut, ce me semble, être interverti que du consentement de la Nation : il faut qu'elle reconnoisse la nécessité de la réforme, et qu'elle concoure, avec le Souverain, à en déterminer le plan. Alors, on supprimera légalement les offices qui, dans ce conseil auguste et solemnel, seront jugés inutiles.

J'ai exposé les inconvéniens, les désordres dont l'établissement des Grands-Bail-

liages me paroît inévitablement suscepti-
ble; mais il me reste à remplir la partie la
plus délicate de ma tâche, à examiner celui
de *la Cour plénière* : je procéderai à cet examen avec la même franchise qu'au premier : si je dis la vérité, je ne puis pas être
coupable; si je me trompe, je ne le serai
pas encore; dans ce cas, je ne convain-
crai personne : ceux qui daigneront me lire,
me réfuteront d'eux-mêmes; et ma bonne
foi me servira d'excuse : n'ayant aucun intérêt à induire qui que ce soit en erreur,
ce seroit commettre une injustice à mon
égard, de m'en supposer l'intention.

Je vais essayer de tracer l'esquisse de
l'ancienne constitution française : j'en rap-
procherai celle que l'on veut y substituer
par l'établissement de la *Cour plénière;* et le
résultat de cette comparaison indiquera la
différence que la nouvelle produira dans
le sort des peuples, comme dans l'état
politique de la Nation.

Dans les premiers siècles de notre
Monarchie, ce n'étoit pas, dans un
Conseil borné à un petit nombre de
membres, que les Agens de l'autorité
arrêtoient, rédigeoient les loix, sous le
nom du Souverain. La puissance législa-

tive ne se déployoit pas souvent : comme
les loix étoient plus rares, on prenoit de
plus sages précautions pour les faire; elles
étoient meilleures, précisément parce-
qu'elles étoient plus rares: nos Rois vou-
loient s'éclairer : une confiance exclusive
dans leurs coopérateurs ordinaires ne les
détournoit pas de ce noble dessein ; ils ap-
pelloient aux pieds du Trône le Conseil
général de la nation; et *c'étoit dans cet
aréopage auguste*, c'étoit après avoir en-
tendu, recueilli, pesé les délibérations,
qu'ils usoient de la plus glorieuse, de la plus
utile, mais aussi de la plus délicate préro-
gative de leur pouvoir, qu'ils donnoient à
leurs volontés, ainsi épurées par une discussion libre, le caractère de loix.

Des circonstances malheureuses, les
guerres, les besoins de l'Etat, la gradation
de ses engagemens, la nécessité d'en assurer l'acquittement aux termes fixés, afin
de conserver la confiance, la dépravation
successive des mœurs, ont donné bientôt à
la puissance législative une fécondité qui
est toujours devenue plus active, à mesure
qu'elle a produit plus d'effets. Alors, il
n'a plus été possible aux Souverains de
consulter la Nation entière sur chaque loi
qu'ils se sont crus obligés de faire; mais

l'ordre ancien n'a cependant pas été détruit : la forme seule en a été modifiée : les
Parlemens, ayant été créés à mesure que
les intérêts et les besoins de chaque Province l'ont exigé, un consentement una-
nime les a investis du droit de vérifier les
loix, d'en rejetter les dispositions qui blesse-
roient les prérogatives des Provinces, et
de porter, en leur nom, au Souverain, les réclamations qu'elles lui adres-
seroient elles-mêmes, si la Nation pouvoit
être toujours assemblée, pour assister,
comme autrefois, à ses Conseils.

Telle est la véritable origine de l'enrégistrement : ce droit, confié aux Parlemens
par la Nation, leur a été, alors et depuis,
confirmé par nos Rois, comme un droit
qui appartenoit à celle-ci, et dont, par
conséquent, elle avoit pu valablement leur
conférer l'exercice.

Ainsi, les Parlemens ont vérifié, et vé-
rifient pour elle les loix dont elle faisoit
autrefois elle-même l'examen : il n'y a qu'à
celles qui établissent des impôts, que cette
mission ne s'étend point. Les Etats-Généraux, assemblés à Blois, en 1576 ; s'en
sont réservés la connoissance, et l'hommage que le Gouvernement lui-même

vient de rendre à ce droit qu'a la Nation, d'accorder ou de refuser les subsides, atteste également la solidité de celui dont elle a confié l'exercice aux Parlemens, puisque c'est le même.

La Nation a donc le droit avoué, reconnu, de concourir à la formation des loix qui la gouvernent: elle l'a, d'abord, exercé par elle-même, dans toute sa plénitude; ensuite elle l'a divisé. Pour les objets de pure législation, les Parlemens sont devenus ses représentans, ses mandataires; à l'égard des impôts, elle en a conservé l'octroi.

De-là il suit que, dans notre Monarchie, il ne peut exister de véritable loi, que celle qui naît d'un contrat solemnel entre le Souverain & la Nation. Le Souverain, comme chef, la propose: en matière d'impôt, la Nation elle-même; en matière de législation, la Nation, par le ministère des Parlemens, a le droit de l'agréer, de la rejetter ou de la modifier.

J'entends, par proposer la loi, en adresser les articles & les conditions aux Parlemens, pour être vérifiés par eux.

Il n'appartient pas à la Nation de proposer la loi; mais elle peut la solliciter:

c'est-à-dire , exposer au Souverain , lorsqu'elle se trouve assemblée , les motifs qui
lui font désirer d'être gouvernée de telle
manière , ou de telle autre.

Quand la Nation a , dans l'une des deux
formes dont j'ai parlé , acquiescé à une loi,
elle doit l'obéissance à laquelle elle s'est soumise par cet acquiescement : quand, au contraire , elle l'a rejettée ; l'autorité ne peut
rien exiger d'elle , du moins légitimement;
parce qu'elle n'a rien promis : il n'y a point
eu de consentement; dès-lors il n'y a point
de contrat , & par conséquent point de loi.

Si l'on ne saisit pas ces principes et ces
conséquences , c'est ma faute ; c'est que je
m'exprime mal : ils me semblent bien clairs.

Voilà notre constitution : voilà l'état dans
lequel nous avons vécu jusqu'à présent.

On y porte évidemment atteinte , toutes
les fois que l'on déploie l'appareil de la
puissance souveraine , pour forcer les Parlemens à enrégistrer une loi qu'ils rejet-
tent ; et qu'on la fait exécuter , au mépris
des protestations par lesquelles ils déclarent
que la Nation ne l'accepte point.

Mais l'Etablissement de la Cour plénière
produira des effets bien plus déplorables.

Cette Cour est exclusivement chargée de

l'enrégistrement des impôts et des loix ; et cet enrégistrement unique suffira pour rendre les uns et les autres publics et exécutoires dans tout le Royaume.

La Nation sera donc privée entièrement de sa constitution , du droit sur lequel repose sa liberté , du droit d'accorder elle-même les subsides. *La Cour plénière* , sans tenir d'elle aucun pouvoir , suppléera son consentement ; et elle sera forcée de payer l'impôt , sans s'y être soumise. Il y aura des contribuables ; *mais il n'y aura plus de Nation.*

Les Parlemens seront privés du droit de vérification et d'enrégistrement : c'est encore la Nation que l'on dépouille : elle sera gouvernée sans concourir , par elle-même, ni par des représentans , à donner une sanction obligatoire aux loix qui la régiront. *Il y aura des esclaves ; mais il n'y aura plus de Nation.*

Enfin , les différentes Provinces sur lesquelles s'étend la domination française, n'obéissent pas au même titre. C'est à diverses conditions, qu'elles se sont soumises. Comme elles doivent, de leur côté, fidélité et dévouement au Souverain ; celui-ci leur doit, du sien , protection et sûreté : il leur doit sur-tout, il se doit à lui-même, de respecter ces conditions. Elles seront cependant violées, dès qu'un seul enrégistrement rendra la loi uniforme dans tout le Royaume. Ce ne seront plus alors les titres primitifs de la soumission qui commanderont l'obéissance ; ce sera la force qui maîtrisera des Peuples auxquels la dissolution de leurs traités rendra, de droit, leur indépendance primitive.

Tous ces désordres sont essentiellement attachés à la Cour plénière ; car ce Tribunal, étant une commission du Roi, il ne peut agir qu'au nom du Roi : ne recevant aucun pouvoir de la Nation, lui étant étranger, le consentement qu'il donnera à la promulgation des loix, ne sera point celui de la Nation.

Ainsi, lorsque la Cour plénière enrégistrera une loi, elle ne publiera que la volonté du Souvérain ; cette loi ne sera par conséquent point une loi, puisqu'elle ne contiendra qu'une seule volonté ; et qu'une véritable loi en exige deux : celle du Souverain, qui, comme Chef, est chargé de gouverner ; et celle de la Nation, qui adopte la forme suivant laquelle il lui propose de la gouverner.

Dira-t-on que les Ducs et Pairs, la Grand-Chambre du Parlement de Paris, et un Magistrat de chacun des autres Parlemens, étant appellés à la Cour plénière, ils y porteront leur mandat, et y exerceront la mission qu'ils ont remplie jusqu'à présent au nom de la Nation, en concourant, dans leurs compagnies, à l'enrégistrement des loix?

Ce raisonnement seroit une erreur évidente. D'abord, en matière d'impôts, les Parlemens n'ont aucuns pouvoirs : ils ont eu le courage d'avouer eux-mêmes leur incompétence. Elle est reconnue ; et l'on convient que l'octroi des subsides appartient exclusivement aux Etats-Généraux. Or la portion distraite des Parlemens, pour figurer à la Cour plénière, n'est certainement pas moins incompétente, que les Parlemens eux-mêmes, pour consentir aux impôts.

En second lieu, ce n'est pas individuellement que les Membres des Parlemens peuvent agir au nom de la Nation, et exprimer sa volonté ; c'est dans le Corps entier de chaque Parlement ; c'est dans les différentes Chambres qui le composent, prises collectivement, que résident les pouvoirs qui lui sont confiés pour l'enrégistrement des loix. Ce n'est donc pas une Chambre seule, ce ne sont pas même plusieurs Chambres d'un Parlement, qui peuvent lier, par leur consentement, les Provinces du ressort ; à plus forte raison, celui d'un seul Membre de chaque Parlement est-il incapable de produire cet effet. Les Magistrats de la Grand-Chambre du Parlement de Paris, les Officiers des autres Parlemens, ne pourront par conséquent exercer, dans la Cour plénière, où ils sont isolés de leurs Compagnies, une mission qui n'appartient qu'à ces Compagnies mêmes.

Ainsi la Cour plénière ne sera réellement qu'un aréopage d'*automates* qui, n'ayant de pouvoirs que ceux qu'ils tiendront du Roi, seront forcés d'enrégistrer, sans examen, comme sans résistance, tout ce qu'on leur ordonnera d'enrégistrer. Le Souverain annoncera sa volonté ; et, la Cour plénière se trouvant, par sa constitution même, dans l'impuissance de l'altérer, de la modifier, et sur-tout de la rejetter, cette volonté seule fera ce que l'on appellera la loi.

Et, dans le cas même où l'enrégistrement éprouveroit quelques obstacles, jugez s'ils produiront jamais un effet salutaire. Suivant l'article V de l'Edit, la Cour plénière sera présidée par le Roi : or on a mis dans la bouche du Roi, comme un principe certain, que, lorsqu'il assiste aux délibérations de ses Cours, celles-ci n'ont que la voix consultative ; que, s'il permet la liberté des suffrages, s'il écoute les opinions, sa volonté seule ne fait pas moins l'Arrêt, quand il ne juge pas à propos d'y déférer. La volonté du Roi, manifestée de vive voix à la Cour plénière, écartera donc toujours la résistance qui s'opposera à sa volonté écrite.

Cependant les loix doivent être diversement modifiées, suivant les capitulations particulières de chaque Province. Une loi qui est juste dans le ressort du Parlement de *Paris*, est injuste dans la *Bretagne*, dans la *Guienne*, si elle blesse les privilèges de ces Provinces ; et réciproquement. Pour recevoir caractère et force de loi dans chaque Province, il faut donc qu'elle soit vérifiée par son Parlement, qui est chargé de maintenir ses privilèges. Le Parlement, ayant seul ce dépôt sacré, est aussi, à ce titre,

titre, seul compétent pour faire cette vérification importante. Il ne doit rendre la loi
obligatoire pour les Peuples de son ressort,
qu'après l'avoir scrupuleusement comparée
aux titres de leur soumission, et y avoir
apposé les restrictions que ces titres exigent.
Il faut par conséquent qu'il se fasse, dans
chaque Parlement, un enrégistrement libre,
particulier, indépendant de ceux qui s'opè-
rent dans tous les autres. L'enrégistrement
unique que fera la Cour plénière, fût-il
sérieux, ne pourroit suppléer à cette diver-
sité ; il n'en imprimeroit pas moins à la loi
une uniformité que réprouve notre constitution.

Mais, au fond, n'est-il pas évident que
cette formalité ne sera qu'un jeu, qu'une
illusion ? L'attache d'une commission ne
peut ajouter ni poids ni autorité à la volonté de son commettant : les suffrages par
lesquels elle y acquiesce, sont commandés
par la dépendance immédiate où elle est de
sa personne : elle ne peut point ne pas
vouloir ce qu'il veut lui-même, ce qu'il
lui ordonne de vouloir.

Il ne faut donc pas confondre l'enrégistrement dont *la Cour plénière* sera chargée,
avec celui que font les Parlemens. Celui-ci

D

donne à la volonté du Souverain le caractère de loi, en y joignant celle de la Nation, qui la complète : l'autre n'ajoutera rien à la volonté du Roi ; et dès-lors la loi ne sera plus que l'expression d'une volonté arbitraire. Mais la Monarchie dégénère en despotisme, dès que la loi cesse d'être le résultat de la volonté combinée du Souverain et de la Nation. *L'établissement de la Cour plénière détruira donc en France la Monarchie, les Loix et la Nation.*

Ainsi la volonté du Roi, ou, ce qui est la même chose, celle des dépositaires de son autorité, pourra, sans obstacles, abroger les loix que nous sommes accoutumés de respecter ; et les remplacer par d'autres, sous le joug desquelles nous serons forcés de fléchir : elle pourra, sans résistance, annuller les immunités, les privilèges des différentes Provinces, et substituer des charges onéreuses à des franchises. Elle pourra multiplier les impôts, sans *terme*, sans *mesure* ; et ces tributs que des Sujets fidelles offrent à leur Maître, à titre de subsides, pour le mettre en état de les protéger, de les défendre, arrachés désormais par la force, cesseront d'être l'hommage libre de la soumission et de la reconnoissance.

Mais, dit-on, *la Cour plénière n'enrégis-trera les impôts que provisoirement : les Etats-Généraux seront assemblés ensuite, et ils en régleront la durée.*

Que l'on me pardonne d'exprimer au moins une partie de ce que je sens. Qui peut croire à cette promesse de convoquer les Etats-Généraux ? à qui inspirera-t-elle de la sécurité, de la confiance ; lorsque tout annonce, de la part du Gouvernement, une véritable répugnance à nous donner cette satisfaction ? Est-ce quand la révolution sera consommée, que l'on se hasardera à en compromettre le succès par cette dé-marche ? Est-ce quand on jouira des im-pôts, que l'on songera à requérir le consen-tement de la Nation ? Ou ce consentement est nécessaire pour autoriser la perception, ou il ne l'est pas : s'il est nécessaire, pour-quoi ne pas commencer par ce prélimi-naire, sans lequel elle ne sauroit être légi-time ? Pourquoi préférer l'usage de la force à celui du droit ? Pourquoi exiger l'impôt, avant que le contribuable se soit engagé à le payer ? Si cet acquiescement n'est pas nécessaire..... Mais, s'il ne l'étoit pas, en auroit-on expressément reconnu la néces-sité ? auroit-on promis les Etats-Généraux ?

auroit-on toléré le vœu universel qui ré-
clame, depuis un an, leur intervention?
Auroit-on aussi, hautement, rendu hommage au principe qui leur défère à eux
seuls l'octroi des subsides?

Osons le dire : le terme de la promesse
semble n'avoir d'autre objet que d'en éluder
l'accomplissement. Mais, si cette conjec-
ture est vraie, c'est une indiscrétion bien
étrange de compromettre aussi légèrement
la parole sacrée du Roi.

Au reste, que cette promesse soit sin-
cère, quand se réalisera-t-elle? L'article XII
de l'Edit d'établissement de la Cour plénière porte que l'enrégistrement des impôts
n'aura *qu'un effet provisoire, et jusqu'à
l'assemblée des Etats-Généraux.* Mais quel
sera le terme de cette provision? Dans quel
délai les Etats-Généraux seront-ils appellés
pour délibérer sur l'impôt? La loi ne fixe
ni l'un ni l'autre. On pourra donc différer,
tant que l'on voudra, l'assemblée nationale, sous prétexte que la perception ne
sera que provisoire.

Mais remontez à l'origine de l'impôt :
tout impôt n'est par sa nature que provisoire. C'est un secours volontaire que la
Nation accorde au Souverain, dans les cir-

constances momentanées où le produit des Domaines, et des droits qu'elle lui a primitivement concédés pour servir aux frais qu'exige l'administration de l'Etat, se trouve insuffisant pour de nouveaux besoins. La durée de ce secours est par conséquent limitée par celle des circonstances qui l'ont rendue nécessaire ; et, dès que les besoins cessent, le sacrifice que la Nation s'est imposé pour y subvenir, doit cesser aussi. Subordonner la durée de l'impôt à une assemblée d'Etats-Généraux dont l'époque est incertaine, et peut-être indéfiniment différée , n'est-ce pas rendre l'impôt lui-même illimité, indéfini? n'est-ce pas blesser le premier principe en cette matière?

Je le dis avec regret : on apperçoit trop, hélas ! le motif de l'établissement de la Cour plénière. Un administrateur infidelle a, par ses prodigalités et ses dissipations, causé dans les finances de l'Etat, le désordre le plus effrayant dont les fastes des prévarications ministérielles puissent offrir l'exemple : aujourd'hui , comment combler ce gouffre sans fond ? Il faut de l'argent, il faut de l'argent ; et, par une erreur involontaire sans doute, mais qui n'en est pas

D 3

moins funeste , on croit qu'un remède vio-
lent , qui compromet la constitution de la
Nation , est plus propre à rétablir les finances , que les sacrifices successifs que son
zèle et le soin de sa propre conservation lui
imposeroient , si l'on daignoit la consulter.

» Quand les sauvages de la Louisiane
» veulent avoir du fruit, ils coupent l'arbre
» au pied , et cueillent le fruit. Voilà , dit
» Montesquieu , le Gouvernement despo-
» tique (1) ».

Ce n'est pas ma faute assurément, si cette
comparaison , aussi exacte qu'ingénieuse ,
s'applique à ce qui se passe, dans ce moment,
en France.

Ce que j'ai dit de la Cour plénière, je le
pense, je le crois vrai ; mais je n'en ai pas
dit tout ce que j'en pense , tout ce que je
crois que l'on pourroit en dire avec vérité.
J'ai presque toujours affoibli mon expression, et contenu les mouvemens de mon
cœur , qui auroient pu lui donner quelque
énergie : j'ai été souvent obligé d'abandonner des idées que je ne pouvois ni modifier , ni adoucir ; et de sacrifier le style,

---

(1) Esprit des Loix , liv. V , chap. XIII.

la clarté, aux ménagemens, aux égards que je me suis imposés, et que tout homme honnête doit, ce me semble, à l'erreur même, lorsqu'elle est, comme dans les opérations que j'examine, le fruit d'un zèle trop ardent, trop impétueux.

Je ne crois point franchir ces bornes en terminant cet écrit par un tableau rapide de la sensation générale que la révolution excite, et des effets qu'elle produit : je ne ferai point de réflexions ; je ne serai ici qu'observateur.

Par-tout le cours de la justice est interrompu ; par-tout la mauvaise foi peut se manifester impunément ; et le crime méditer, consommer sans crainte ses désastreux attentats. Les Citoyens de tous les ordres languissent dans un abattement léthargique, ou se livrent à tous les emportemens, à toutes les fureurs du désespoir. Jettez les yeux sur la classe malheureuse du Peuple. Personne n'ignore que toute commotion excitée dans les classes supérieures dont celle-là attend et reçoit, dans toute la force du terme, l'existence, réfléchit à l'instant sur elle ; et qu'elle est toujours la première victime des révolutions qui troublent la tranquillité des autres, qui changent

D 4

ou qui menacent leur sort. Hé bien, remarquez comme cette influence agit aujourd'hui ! Voyez cet artisan, ce manœuvrier. Écoutez ses murmures, ses plaintes : il envisage avec effroi, dans un avenir prochain, l'inaction absolue à laquelle ses mains vont être condamnées. Il a une femme, il a des enfans : toutes ces bouches sont à la charge de son activité ; et, dès à présent, cette activité nourricière commence à manquer d'objets pour s'exercer. Déjà l'homme aisé, l'homme riche qui la soudoyoit, inquiet lui-même sur son propre sort, voyant s'éclipser le règne de la liberté publique en une seule volonté toujours exposée à la séduction, prête à devenir l'arbitre de sa destinée, restreint ses besoins, économise ses ressources, accumule pour l'avenir, dans ses coffres, l'excédant fugitif qu'il consacroit auparavant à des dépenses d'utilité, d'agrément, de commodité ; l'y concentre, l'y garde à vue ; et tarit, par une avarice prudente, la source qui en découloit pour aller nourrir, animer, vivifier la famille de l'ouvrier dont il recevoit les services en échange de ce superflu.

Montez un peu plus haut dans l'échelle

sociale : vous serez témoin des mêmes craintes, des mêmes angoisses. Voyez le marchand détailleur ; écoutez-le : il ne fait rien, il ne vend point, il est perdu : la misère ou l'opprobre, voilà son partage ; et qu'est-ce qui le précipite dans cet abîme inévitable ? Pour peu que vous l'interrogiez, il osera bien vous le dire.

Poursuivez : la langueur qui mine le petit marchand tue le commerçant en gros ; dès que la boutique du premier ne s'évacue point par un débit journalier, les magasins de l'autre s'obstruent, s'engorgent nécessairement. Toute sa fortune, métamorphosée en étoffes, en meubles, en bijoux, en objets d'agrément ou de luxe, va bientôt, insuffisante pour le nourrir, l'accabler d'un poids meurtrier. Nouveau Tantale, il périra de détresse, dans le sein des richesses.

Ce n'est point là un tableau d'imagination : il n'est que trop fidelle. Que l'on interroge tout le commerce : depuis plus d'un an, il languit ; et cet effet funeste, qui ne tenoit encore qu'à la crainte des révolutions, qu'à l'incertitude des événemens, se fortifie, s'accroît dans une progression si effrayante aujourd'hui, que les révolutions se réalisent, que les événemens ne sont plus douteux, et que l'on en apperçoit les déplorables suites. Le Citoyen utile, dont l'existence est compromise par la perte de son état ; le Bourgeois, inquiet, dans le silence universel des Tribunaux, sur l'exactitude de ses revenus, gardent, pour les besoins de nécessité absolue, le peu d'argent qu'ils ont entre les mains : ils n'achètent point ; ils ne font point travailler : le marchand reste piéti (1) dans une attente ruineuse ; les bras de l'ouvrier, du journalier se dessèchent dans l'inaction : tous n'envisagent qu'un avenir affreux.

Voilà une partie de ce qui se passe, sous nos yeux, dans la Capitale.

Le spectacle que présentent les Provinces, est bien plus douloureux. Un incendie effrayant en embrase plusieurs, et menace de se communiquer bientôt à toutes les autres : l'une des plus belles, l'une des plus précieuses, la Bretagne, est dans une fermentation dont le terme peut être l'époque d'une perte irréparable pour la France ; le Dauphiné regorge du sang de la portion la

_____

(1) Le mot *piéti* veut dire, inquiet, impatient.

plus chère de ses habitans, du sang de ses cultivateurs. Chaque jour est signalé par des exils, des enlevemens, des rigueurs, que réprouve la bonté connue du Souverain sous le nom de qui on les commande; les troupes vouées à la défense de l'Etat, marchent, de toutes parts, contre les Sujets de l'Etat, à des victoires honteuses ; et l'uniforme de l'honneur est devenu celui de l'opprobre.

Eh ! faudroit-il des violences multipliées; faudroit-il des satellites nombreux, armés de tous les instrumens de la dévastation et du carnage, pour forcer un Peuple naturellement doux et soumis, à recevoir des loix bienfaisantes ? Comment ne sent-on pas que l'appareil même qu'on est obligé d'employer pour promulguer celles dont il s'agit ici, en fait la plus horrible satyre? Toute loi qui a besoin de cette escorte formidable, pour établir son empire, est, à coup sûr, une loi désastreuse : fût - elle bonne en elle-même, dès qu'elle entraîne de pareils accessoires, elle doit rentrer dans le néant. Il faut des violences, il faut du sang, pour établir les Edits, pour consolider la révolution ; donc les Edits doivent être retirés ; donc la révolution doit être abandonnée.

Mais le Roi n'est-il pas obligé de main‑
tenir l'exécution de ses Ordonnances? Oui,
lorsque ses Ordonnances sont conformes
aux vœux de son cœur; lorsque ses Ordon‑
nances sont bienfaisantes ; lorsque ses Or‑
donnances sont propres à opérer le bonheur
de ses Sujets : mais, dès l'instant où il re‑
connoît qu'elles ont un caractère tout op‑
posé, qu'elles produiroient des effets tout
contraires ; dès l'instant où il s'apperçoit
qu'il a été trompé, son amour-propre doit
céder à sa justice ; le soin même de son
honneur, de sa gloire, en exige le sacrifice:
c'est la résistance qui le compromettroit.

Voilà vos principes, Monarque vertueux,
populaire, qui ne connoissez d'autre pas‑
sion que celle de l'amour du bien public et
de la justice. Le premier usage que vous
avez fait de votre pouvoir suprême, en
montant sur le Trône, a été de frapper le
despotisme qui commençoit à menacer
sourdement la Nation ; vous ne permettrez
pas qu'elle succombe aujourd'hui, sous ce
fléau destructeur. C'est votre main qui a
détruit l'opération de 1771 ; elle foudroyera
celle de 1788, dont les effets seroient bien
plus déplorables : le règne de la nouvelle
législation finira avec le moment qui por‑

tera la lumière dans votre esprit. Hâtez-vous de renverser ce monument, élevé par l'erreur, qui vous priveroit de votre plus précieux patrimoine, de l'amour de vos Sujets ; qui déshonoreroit votre règne, qui dévoueroit votre mémoire à la haine de la postérité : prêtez l'oreille aux réclamations universelles qu'il excite ; recueillez dans votre ame sensible, ces accens de la terreur et du désespoir ; *voyez vos Peuples se soulever, non pas contre votre domination, qu'ils chériront toujours ; mais contre les entreprises qui la corrompent.* C'est pour la conservation de vos véritables droits, qu'ils résistent ; et cependant c'est par vos armes, que leur sang est versé. Ces désastres, vous les ignorez, et ils se commettent en votre nom. Mais ceux mêmes de vos Sujets qui en sont les victimes, meurent persuadés que vous ne les autorisez point : *Si notre Roi savoit*, disent-ils..... Ainsi leurs derniers accens sont encore le langage de la confiance que votre nom inspire ; et, au moment où votre votre toute-puissante arrêtera le cours de ces explosions meurtrières, vous entendrez les bénédictions d'un Peuple nombreux s'empresser de calmer vos alarmes, d'appaiser vos regrets, et de rendre justice à vos sentimens. Vous le verrez oublier ses maux, pour épargner à votre cœur paternel la douleur de les partager. Hâtez-vous donc, hâtez-vous de recueillir ce tribut précieux d'attachement et de reconnoissance. Ne craignez point de vous environner d'une Nation généreuse qui se glorifie de vous avoir pour Maître : vous connoîtrez, au milieu d'Elle, combien vous êtes Grand, par son dévouement et par sa soumission ; combien vous êtes Puissant, par son amour et par sa fidélité ; combien il est plus doux de gouverner des Sujets, que de commander à des Esclaves : et vous sentirez tout le prix de la Couronne que la Providence a confiée à vos vertus.

F I N.